三位一体

the TRINITY

一

唐纳德·费尔贝恩（Donald Fairbairn） 著

甘霖 译

The Trinity

© 2024 by Donald Fairbairn

Originally Published by Union Publishing

Bryntirion House, Bridgend, CF31 4DX, UK

三位一体

作者：唐纳德·费尔贝恩（Donald Fairbairn）

翻译：甘霖

编辑：赵然

ISBN：978-1-965805-55-8

eBook ISBN：978-1-965805-56-5

除非特别说明，本书所有经文均引自和合本
圣经。

这本小书犹如一扇窗户，让我们得以窥见那位包罗万有的三位一体上帝——他统管万有，在万有之先，又超越一切受造之物，更是福音的坚固根基。

——弗雷德·桑德斯（Fred Sanders），美国加州拜欧拉大学叨雷荣誉学院神学教授，《上帝深奥的事：三一上帝如何改变一切》（*The Deep Things of God: How the Trinity Changes Everything*）的作者

试想当你站在大峡谷边上却只顾低头盯着鞋子时，突然有朋友冲你喊道"快看！"唐纳德·费尔贝恩就是这样一位朋友。他的这本书将引领你去瞻仰那最能开广思维、充满你心、满足灵魂的愿景：三位一体的上帝。这实在是一本令人耳目一新的佳作。

——格兰·思科瑞万那（Glen

Scrivener），《如何看待生活：321指南》（*How To See Life: A Guide to 321*）的作者

唐纳德·费尔贝恩循序渐进地向我们介绍了何为三位一体。尽管许多人认为这一主要教义过于复杂而回避它，但费尔贝恩却向我们展示了它对基督徒而言是多么容易理解且至关重要。倘若你想了解相关的历史争论和教义冲突，这本书并未涉及。但你会发现，本书论述清晰、架构严谨，始终紧扣圣经经文（除了偶尔引用托尔金等作家作品中的典故之外！），其内容纵贯时空——从创世之前直到基督再临。这实在是理解三位一体教义的绝佳入门之作。

——提伯（Derek Tidball），作家、讲员和圣经教师

目　录

基要真理系列
丛书前言

简单来说，这套丛书介绍了福音中一些毋庸置疑的基要真理。

到底是哪些真理呢？我们来看看使徒保罗在写给罗马人的书信中的开篇是怎么说的：

> 耶稣基督的仆人保罗奉召为使徒，特派传上帝的福音。这福音是上帝从前藉众先知在圣经上所应许的，论到他儿子我主耶稣基督。按肉体说，是从大卫后裔生的；按圣善的灵说，因从死里复活，以大能显明是上帝的儿子。（罗 1:1-4）

对保罗来说，福音是以上帝为中心的信息，即"上帝的福音"。它是一个三位一体的信息：父借着圣灵的能力启示他的儿子。它源于圣经，即"在圣经上"所应许的。它聚焦于上帝的儿子耶稣基督及其救赎工作。这信息更在圣灵重生的大能中发挥作用，带来实际的果效。换言之，基督的福音乃是关乎父、子与圣灵以及他们在启示、救赎与重生中之作为的好消息。①

---

① 该图表及对其的解释首次见于 Michael Reeves, *Gospel People: A Call for Evangelical Integrity* (Wheaton, IL: Crossway, 2022), 20, 119.

这些真理都是相互关联的，它们共同构成了我们荣美的、合乎圣经的、三位一体的、以基督为中心的、圣灵所成就的好消息。这套丛书简明地概括了福音信息，帮助读者重新认识福音的真正含义。这十本小书涵盖了福音中的基本主题，如图中两个内圆所示。

每本小书都探讨了一个主题，但这套丛书的目的不仅仅是传达书中的内容。毕竟，福音不仅仅是启示，更是关乎**救赎**和**重生**的启示。因此，愿你在阅读这套书时生命得着更新，来敬拜和享受那位"可称颂、荣耀之上帝"（提前1:11）。

迈克尔·里弗斯（Michael Reeves）

丛书编辑

第一章

回到开始

请照我说的去做。当你读到下面这行文字时，先闭上眼睛，在继续阅读前默想何为基督信仰。将脑海中浮现的想法一一记下，然后睁开眼睛。

————————————————

那么，你想到什么了？

耶稣？

罪得赦免？

个人与基督的关系？

教会？

圣经？

彼此相爱？

这些都是很好的主题。事实上，基要真理系列丛书中的小书对上述内容都有探讨。但本书要探讨什么主题呢？

三位一体

或许你也想到了这个主题，毕竟这是本书的书名。但相比其他主题，"三位一体"这个概念恐怕不会相当自然且令人愉悦地浮现在你的脑海中，对吗？这个术语本身就让人有些望而却步。你可能知道"三位一体"这个词甚至并未直接出现在圣经中，这难免让人感到困惑。又或者它听起来太过……怎么说呢……**神学**，因而显得高不可攀。

或许你从来不会纠结"上帝怎么会有儿子？""圣灵是耶稣的兄弟吗？"或者"神性位格的数量非得是三个吗？"这类问题。又或者你**确实**思考过这些问题，却隐隐觉得三位一体的教义荒诞不经，甚至怀疑这套理论**本就是**故弄玄虚。

我有个学生曾对我说，我们不该试图理解三位一体，只需相信就好。那个学生甚至说，我在课堂上花那么多时间讲解这个教义（确实不少：光是那个单元就至少讲了十个小时）纯粹是浪费。或许你也抱有同样的想法。

倘若你认为三位一体的教义过于神学而不愿深究，或觉得高不可攀，甚至荒诞无稽；又或者你只是希望能向朋友更清楚地阐释它，那么请随我一同踏上这段溯源之旅。我们将回到开始。确切地说，我们不仅要回到一个开始，而是需要探索多个开始。为什么呢？因为基督教本身就蕴含着多重开始——这些是我们认识上帝、自我和世界的关键基础。

而这一切的开始都始于三位一体。

思考与讨论

1）你是否也认同以下对"三位一体"的看法？

- 过于"神学"而不值得深究；

- 与当今时代脱节；

- 根本是无稽之谈；

- 令人困惑难解；

- 抑或有其他见解。

2）你的这些看法将如何影响你对本书的期待？是期待它能助你拨云见日，还是持怀疑态度？

第二章

万有的开始

关于扮演神明的角色——无论是雷神索尔和洛基还是古希腊罗马的神祇、印度的神明或者任何神话人物——关键在于，神明之所以被创造出来，是因为他们本质上只是人类的放大版。

——汤姆·希德勒斯顿（Tom Hiddleston），谈漫威宇宙中的诸神[1]

在阿尔达之前，存在着唯一者——埃鲁，他在阿尔达被称为伊露维塔。他

---

[1] Todd Gilchrist, "Interview: Tom Hiddleston Talks 'Avengers' Humor, Drama, and Where Loki May Go in 'Thor 2,'" May 2, 2012. Fandango.

最初创造了圣者安努，他们是他心念的产物，在万物尚未诞生之前，他们已与他同在。

——托尔金（J. R. R. Tolkien），摘自《精灵宝钻》（*The Silmarillion*）[2]

原力……是一种由所有生命创造的能量场。它包围着我们，渗透着我们，将整个银河系紧密地联结在一起。

——欧比旺·克诺比（Obi-Wan Kenobi），《星球大战：曙光乍现》（*Star Wars: A New Hope*）中的角色[3]

---

[2]　J. R. R. Tolkien, *The Silmarillion*, ed. Christopher Tolkien, 2nd ed. (New York: Houghton Mifflin, 2001), 3.（中译本参考：托尔金著，《精灵宝钻》，邓嘉宛译，上海人民出版社，2015 年。）

[3]　George Lucas, *Star Wars: Episode IV: A New Hope*, Lucasfilm, Ltd., January 15, 1976（中文名：《星球大战 4：曙光乍现》，卢卡斯影业，1976 年。）

在探讨上帝的概念时，人类通常会有三种基本认知。一是多神论——他们明争暗斗、互不相让，好像人类的家族一样，但要强大得多。比如，北欧神话中好战的兄弟神索尔与洛基以及他们的父亲奥丁——这些形象通过漫威电影宇宙的影片而广为流传。纵观历史，世界上大多数文明都曾构想——或者说创造过——这样的神明。

还有一种观点认为，宇宙间充盈着某种浩瀚且非人格化的力量，它无处不在，而我们总试图掌控并驾驭它。电影《星球大战》（*Star Wars*）中描绘的原力便属此类，而在佛教、印度教等世界各大宗教中也可见其踪影。

第三种观点则认为，存在唯一一位至高权威，他凌驾众生，统管万有，好像《魔戒》（*Lord of the Rings*）系列小说中那个若隐若现的"一"一样，托尔金在正传中没有为之命名，直到《精灵宝钻》里才称其为"伊露维塔"。

当我们追溯万有的起源，正如圣经所言，或许你会发现第三种观点的迹象——全能的主创造和统管万有，闪耀着他独有的荣光与威严。从某种意义上来说，确实如此。

但接下来会出现一个意想不到的事件。

令人意外的开始

圣经的第一卷书讲述的正是开始。事实上，"创世记"（Genesis）这个名称的本意就是"开始"。我们将要细读圣经开篇的第一句话，但这句经文对我们来说太熟悉了，以至于我们往往没有意识到它最初被写出来时是多么的颠覆。因此，在深入解读之前，让我们先回到这句经文的原初背景。

独一上帝，而非"众神"

旧约是为上帝的子民——犹太人而写的。他们居住在基督降生前数千年的地方，即今日所称的中东地区，周围有众多异教文化。这些民族不仅各自信奉着形形色色的"众神"，更对世界的"开始"有着不同认知。周边民族不仅编造关于诸神的传说（正如汤姆·希德勒斯顿【Tom Hiddleston】所言"人类造神"的涵义），甚至创造了神明。人们精心雕刻神像，打造偶像，然后顶礼膜拜自己亲手所造的器物。

对此，圣经一针见血地指出："他们的偶像是金的银的，是人手所造的，有口却不能言，有眼却不能看。"（诗115:4-5）这些偶像绝非真上帝，既不能向百姓发声，也看不见百姓的需要。他们之所以被称为"神明"，不过是世人一厢情愿的妄想罢了。

然而，以色列周边列国的众神并非都是人手所造的偶像。其中一些很有可能是真实存在的灵体，因为圣经指出宇宙间充满了属灵的存在，或天使或魔鬼。事实上，人们所拜的某些"神明"极有可能是蛊惑人心的魔鬼，它们引诱人背离上帝，使人误入歧途。

然而，即便是这类"神明"（或者说魔鬼）与真上帝相比仍判若云泥。当上帝带领百姓出埃及后，他们发出颂赞："耶和华啊，众神明中谁能像你？谁能像你至圣至荣，可颂可畏，施行奇事？"（出15:11）唯有他配得"上帝"之名，而世间其他所谓的"众神"要么是人臆造的虚妄偶像，要么是背叛上帝堕落成魔鬼的受造灵体（天使），它们与至高者相比都有着天渊之别。

一些令人惊讶的宣告

通观以色列周边各族的神话传说，关于创世的叙事总在明示或暗示一点：所谓的"众神"从未打算创造这个世界。天地万物的出现不过是一场宇宙间的意外事件——诸神之间史诗级混战的产物。因此，关键在于——这些古老传说都并未赋予人类特殊意义。吊诡的是，这种叙事竟与现代科学的观点不谋而合：我们都不过是自然法则的偶然产物，完全没有神圣监督的介入。因此，无论古老神话还是现代叙事，人类都只是偶然的产物——除了个体为自己赋予的意义外，生命本身并无多大意义。

基于这样的背景，圣经开头的话就显得格外令人震惊：

起初，上帝创造天地。(创 1:1)

请注意，圣经强调的是"上帝"——不是一群争权夺势的神明，而是独一的造物主。特别要留意"天地"一词，在希伯来语中意指"万物"或"一切"。圣经开篇就颠覆了周边文明关于自己所拜"众神"的叙事：唯有一位上帝，而非许多，且这位上帝有意创造了存在于他自身之外的一切事物。因此，宇宙以及其中的受造物——尤其是我们人类——之所以存在，是因为这位全能的上帝定意创造了我们。我们绝非宇宙中的偶然产物。

我们存在自有其重。我们活着必有意义。我们绝非沧海一粟。

真正的意外：上帝的灵

上述这些已经足够震撼，但真正的意外还在后面——当大地还是"空虚混沌"之时，在上帝尚未创造人类、飞禽走兽、花草树木乃至宇宙万物之前……

> 上帝的灵运行在水面上。（创
> 1:2）

这里"上帝的灵"究竟是谁？或者说是什么？此刻我们尚难定论。毕竟，圣经才刚写到第二句！但我们已了解得够多了：起初就有一位上帝，就是这位上帝创造了存在于自身之外的万物，因此万物的层次都低于他。然而，竟还存在一位与上帝有关的灵，也可称为"上帝的灵"。那时，上帝还未创造水中生活的活物，甚至还未造出旱地供陆地生物栖息，更别提创造这些生物本身了。但"上帝的灵"已经存在。可见上帝并不孤独，因为无论这灵是"谁"或"什么"，都始终与上帝同在，并运行于上帝所造世界的水面上。

要完全明了这"灵"的奥秘，我们需

要了解整本圣经。但我们已经知道：在万物的起源既有上帝，也有他的灵。

寻根溯源

圣经中还有一卷书也是用类似"起初"的话开头的，让我们更清楚地了解起初究竟发生了什么。新约中的四部"福音书"记载了耶稣生平，其中由使徒约翰执笔的第四卷福音书开篇便写道：

> 太初有道。道与上帝同在，道就是上帝。这道太初与上帝同在。（1:1-2）

这位"道"究竟是谁或者说是什么？在几节经文之后约翰又写道："道成了肉身"（14节），在后文更以"圣子""耶稣"或"基督"相称。但在这道成了肉身之前，在"太初"之际，他与上帝同在，这必定意味着他在某种程度上有别于上帝。然而这道就是上帝。这意味着什么或者说这一切如何实现，目前尚不清楚。但我们再次发现了一个惊人的事实：上帝并不孤独。起初，道与他同在。

线索解密

当我们将这两处关于开始的经文放在一起时就会发现，正如我们所料，存在一位上帝。但还存在一位上帝的灵，他与上帝紧密关联，却又有所区分；还存在一位道，既与上帝同在（故此在某些方面有所区别），却也是上帝。

我们已经知道，圣经所启示的上帝形象与所有人的预期都大相径庭。上帝、他的灵和他的道不是像北欧神话中的三位神明奥丁、索尔与洛基（及漫威宇宙世界）那样是三位独立的上帝，这原是犹太人周边民族的想象。他们也并非印度教中的"梵"（或《星球大战》中的原力）那样是非位格的神力的显现形式，这原是古代远东民族的认知。存在一位独一的造物主，正是犹太人自古以来所期待的那一位。然而，即便是犹太人也会感到惊讶：这位独一上帝在创造人类乃至万物之前，从来都不孤独，因为他的道与灵始终与他同在。

那么，我们该如何理解"上帝的灵"与"道"呢？难道"灵"与"道"仅是上帝的不同称呼吗？绝非如此，倘若"灵"只是上帝的一个别称，那么"上帝的灵"这一表述便逻辑不通了；倘若"道"只是上帝的一个别名，那么"道与神同在"的表述更显荒谬。倘若这些只是上帝的不同别称，那么你会在圣经中看到"上帝""灵"或"道"等词汇交替出现，而绝不会出现"上帝的灵"，更不可能存在"道与上帝同在"的表述。

还有一种可能是，"道"与"灵"仅是独一上帝的不同特质或能力。或许有人以为，"道"不过是上帝说话时的言语表达，而"灵"只是他创造大能的人格化象征。若真是这样，那么这道与灵就应当称为"它"（上帝非位格的层面），而非"他"（一个真实的位格）。在创世之初的背景下，这种解释似乎很合理，这也正是我之前有意以"谁或什么"来指称道与灵的原因。但随着圣经后续启示的展开，我们将清晰地看见，这种理解不可能是正确的。

到目前为止，在万有的开始，我们已窥见后来基督徒所称的"三位一体"的雏形——上帝、他的灵与他的道。

然而，万有的开始并非这世界故事中唯一的开始。正如前文所述，历史中还有其他几个开始，而每一次都有上帝、他的灵与道共同参与。

尽管这很难理解，但下一章所讨论的开始甚至早于万有的起源。

思考与讨论

1）你是否注意到，在"众神"背景下的世界与《创世记》1章那位上帝所创造的天地之间存在着巨大的差异？

2）作为人类，你生而尊贵，且有不可替代的价值，这怎能不叫人感恩？

3）这一真理将如何影响你对尊重所有人生命的认知？

4）当你发现我们那位独一的上帝在起初时并非"独自存在"时，你是否感到惊讶？

5）你觉得上述哪些"线索"特别有助于你理解"圣灵"与"道"的奥秘所在？

第三章

开始"以前"

在创造世界以前，上帝究竟在做什么？

这真是个典型的孩子们才会问的问题，对吗？或许你曾这样追问过父母或主日学老师，又或许有孩子这样问过你。但纵观基督教历史，这个问题不仅困扰着孩子，也同样让成人感到困惑。早在公元四世纪末，就有人略带黑色幽默地回答说，那时上帝正在为那些窥探奥秘的人预备地狱呢！①

---

① 参见 Augustine（who reported the macabre joke; he certainly did not endorse it!），*Confessions* 11.14，出自 Augustine, *Confessions: A New Translation by Sarah Rudin* (New York: The Modern Library, 2009), 357.

尽管这句十六世纪的嘲讽犹在耳畔，但它确实是一个值得深思的好问题——而我们至少应当尽力给出真诚的解答。

提升人类的价值

基督徒对此问题的一种解答是提醒我们，时间、空间与运动都是随着宇宙的开始而出现的。时间并非永恒存在的，而且在时间里并非总有事件发生，上帝也并非总在行事。事实上，当上帝起初创造天地时，才开始有了时间。因此，严格来说，在创世之前既不存在时间，也不存在任何行动。在创世"以前"，上帝没有做任何事。他自有永有，在他开始创造世界与其中万物之前，他是唯一的实存。

尽管如此，关于上帝在创世"之前"的奥秘我们仍可窥见一斑，因为圣经中的某些经文确实提及创世以前的"时间"：

- 在耶稣关于绵羊与山羊的比喻中，他提到有一个国度是"那创世以来"（太25:34）就为跟随他的人预备的。

- 保罗则阐明，基督徒"从创立世界以前"（弗1:4）就已经在基督里蒙了拣选。

- 保罗（在其他经卷中）写道，上帝救了我们是按着他的恩典，这恩典是"万古之先"（提后1:9）在基督里赐给我们的。

- 彼得则表明，基督降世以及他为我们流血舍命，早在"创世以前"（彼前1:20）就是上帝预先知道的。

上述这些经文以及其他类似的经文都表明：甚至在上帝创造宇宙之前——或者严格来说在他开始做任何事之前——他便已预知并定旨自己将要在时空中的作为。具体而言，他定意让自己的独生爱子为我们献上赎罪祭，呼召在基督里的人成为他的子民，并为跟随他的人预备永恒的国度。

这就将人类的价值升华至一个全新境界。我们之所以重要，不是因为整个人类做了什么，更不是因为我们个人的成就，而是因为独一上帝创造我们是要与我们分享某些事，甚至在创世以前就已为此做好了计划。

然而，上帝究竟定意要与我们分享什么？在一处令人惊讶的经文中，耶稣亲自让我们更深入地窥见了"创世之前"的时间，而这一瞥将三位一体与上帝对人类的旨意相联系，这旨意在世界创立之前他就已知晓，并且为此有着深远的计划。

揭开序幕

公元30年前后春天的一个晚上，这

一天堪称历史上最锥心刺骨的一天。那是在耶稣被捕、随后在我们所称的"受难日"被钉十架的前夜。那个周四的晚上，他与门徒共进晚餐（"最后的晚餐"），为他们逐一洗脚并谆谆教诲（"楼上讲章"），献上圣经中最长的祷告（"大祭司祷告"），最终在客西马尼园流泪。

让我们来看看这段祷告。耶稣向父上帝回溯了他在地上事工中所完成的一切，以及他通过受难与复活即将成就的大事，随后他说道：

> 我在地上已经荣耀你，你交给我做的工作，我已完成了。父啊，现在求你使我在你面前得荣耀，就是在未有世界以前，我同你享有的荣耀。（约 17:4-5，和修本）

"荣耀"一词有伟大、辉煌与威严的含义，但它同时也包含着"在你面前"的深意。圣经中"上帝的荣耀"彰显于他与自己的子民壮观威严的同在中。而在这段经文中，耶稣却提及他自己与上帝之间在未有世界以先就同享荣耀。在万有被造以前，圣子与圣父就在一起同享神圣的荣耀了。

当我们默想这个非同寻常的宣告时，我们必须牢记，耶稣正是福音书所说的"道"与"子"。由此我们得知，耶稣并不仅仅是一般意义上的上帝的儿子，也不仅仅是一个与上帝有特殊关系、因此在某种程度上可以被称为儿子的人。不，早在世界被造以先，他就已是圣子，且称上帝为父。他从亘古以来就是上帝的儿子，与父同享神圣荣耀。

在随后的祷告中，耶稣的祈求更为具体，他求上帝让基督徒：

都合而为一。正如你父在我里面，我在你里面，使他们也在我里面，叫世人可以信你差了我来。你所赐给我的荣耀，我已赐给他们，使他们合而为一，像我们合而为一。我在他们里面，你在我里面，使他们完完全全地合而为一，叫世人知道你差了我来，也知道你爱他们如同爱我一样。父啊，我在哪里，愿你所赐给我的人也同我在那里，叫他们看见你所赐给我的荣耀；因为创立世界以前，你已经爱我了。（约17:21-24）

此刻，耶稣祈求上帝让门徒能拥有他与父上帝那样合一的见证。他再次提及"荣耀"这个关键词，这不仅表明父上帝与圣子同在，更显明圣子也与**我们**享有这种同在。最终，他重申自己从创世以前就与父同享荣耀，但这次他加上了"爱"一词。在万有之先，父就已经爱子了，而这爱正是耶稣与信徒同享荣耀的源头。自亘古以来，父与子就同享合一、神圣的荣耀与爱。如今，圣子又将这"合一/荣耀/爱"赐给跟随他的人，更祈求我们能活出他与父之间那种永恒的合一见证。

这篇祷告胜过圣经任何经文，它如同揭开帷幕，既显明上帝创世之"前"的作为，又揭示了他现今工作与永恒旨意之间的关系。值得注意的是耶稣对自己的描述：上帝从不是独自存在的（正如本书前章所述），而且在万有以前他就始终像慈父一般爱他的爱子，二者同享合一、神圣的荣耀、尊荣。但这段经文提到我们时也同样令人惊讶：圣子竟将这份合一、荣耀与爱赐给信靠他的人。基督教赋予我们的不只是与上帝建立关系，更是得享圣子与圣父之间那种永恒的亲密关系。

还记得吗？在上一章结尾时我曾指出：当我们将上帝、道与灵放在创世的语境中思考时，很可能觉得道与灵只是指上帝的某个方面或能力——是"它"而非"他"。但如今我们至少能确定，就"道"本身而言，这种可能性绝不成立。道也被称为"圣子""耶稣"与"基督"。而在这个祷告中，耶稣明言自己从创世之前就与父同享荣耀与爱。因此，道绝不是上帝赐给耶稣的某种能力。不，耶稣就**是**道。这道是神圣永恒的子，始终与上帝相爱，故上帝被称为"父"，而道被称为"子"。当道/子成为人后，他既被称为"耶稣"和"基督"，也仍被称为"道"与"子"。由此可见，在万物开始"以前"，宇宙故事早已存在另一个"开始"。而这一切正始于父与子之间那永恒的爱。

但这段令人印象深刻的祷告却未提及圣灵。那么我们该如何来看待"他"（或者就目前所知，也可能是"它"）呢？

认识圣灵

既然我们已知圣子/道在创世"以前"就与上帝同在，那么圣灵是否也是如此呢？这位圣灵是"他"（如圣子那样具有位格）还是"它"（上帝的一种能力）呢？

关于第一个问题，圣经虽着墨不多，但我们已从《创世记》1章2节看到：圣灵并非受造之物，而是在上帝创世时就已经存在的那位。由此可知，圣灵必定也在万物开始"以前"就已存在。

至于第二个问题，我们可以找到更多依据。旧约论及圣灵时皆将其描述为有位格的存在，而非仅是能力。（例如，《以赛亚书》63章10节提到人使圣灵担忧；
《尼希米记》9章20、30节则记载圣灵教训
并劝诫上帝的子民。）由此可见，圣灵确
实是位格，上帝借着他工作。

而在耶稣献上大祭司祷告前不久的楼
上讲论中，他论及圣灵的方式同样表明：
圣灵是一个位格而非一种力量或能力。耶
稣说："我要求父，父就另外赐给你们一
位保惠师，叫他永远与你们同在，就是真
理的圣灵。"（约14:16-17）称圣灵为另
一位"保惠师（或译帮助者）"，暗示耶
稣自己也是保惠师。事实上，旧约常称上
帝是他子民的帮助（参申33:29；诗33:20，
115:9-11）。倘若圣灵与圣父及圣子同为
帮助者，则圣灵必是一个位格而非能力。
耶稣还说到圣灵会教导门徒（约14:25-
26），并引导他们明白真理（约16:13-
15），这些皆是位格的作为，绝非单纯能
力所能及。

由此我们可以确知，圣灵与父、子同为"他"，而非"它"。尽管圣经未曾明言，但我们有理由相信，圣灵同样在创世以前就与父和子同享合一、荣耀与爱。甚至在万物开始"之前"，三位一体就已经存在。

综合所有线索

既然我们已确认每一位都是真实的**位格**（而非仅是能力），且三者都是永恒存在的，甚至在创世"以前"就已存在，那我们就不得不面对另一个重要问题。我在前一章说过，上帝、他的道与他的灵绝非像奥丁、索尔与洛基那样是三个不同的神。但这怎么可能呢？这个问题至关重要，我认为可以从两个方面来理解。

首先，倘若要将不同位格视为不同的上帝，他们之间必然不是完全和谐的。这在索尔与洛基身上显而易见，他们从无共识，显然是不同的"神明"。即便设想他们勉强可以和平共处，也绝无可能达到**完全的**合一。但圣父、圣子与圣灵过去、现在、将来都是完全合一的，这正是耶稣在他的大祭司祷告中所说的。正因这完全的合一，他们并不是三位不同的上帝，而是独一上帝的三个位格。

其次，倘若要将不同位格视为**不同的上帝**，它们之间必须存在本质差异。索尔与洛基显然完全不同。例如，他们拥有不同性质的能力（索尔之锤赋予其执掌雷霆之力，洛基则擅变幻形），因此可被区分为不同的神。且二者都不及其父奥丁强大，而奥丁本身也不是全能的。可见这三位神不仅能力有别，且能力的大小也各不相同。

然而，圣父、圣子与圣灵之间却没有这种差别。圣经所启示上帝的一切属

性——全能、全知、无所不在、完全的
爱、公义、永不改变（凡此种种）——都
毫无差别、完全均等地属于父、子与圣
灵。正因为他们三位同样完全，他们的属
性没有任何区别，所以他们并非三位不同
的上帝，而是一位上帝。

　　你可能会困惑，如果他们三位本质
相同，那么"圣子"与"圣灵"是否仅是
父上帝的别称？我在前一章已明确指出，
这种说法并不成立，否则圣经就不会强调
"上帝的灵"或"道就是上帝"了。然
而，如果三个位格是同一位神，又怎能说
他们并非同一位格？

　　这里我们需要谨记：耶稣用"爱"
一词来描述他与父上帝的永恒关系。如今
的人们常说"爱自己"或"爱某物"，但
我们大多数人都知道，真正的爱是位格与
位格之间的爱，而非人对物或对自我的情
感。当耶稣说父在创世之"前"就已经爱

他时，显然是指位格之间的真实相爱。因此，若他们之间存在真实的爱，那么从某种程度上说，他们就是不同的位格，即便他们是同一位神。既然耶稣与父上帝是真实而不同的位格，那么"耶稣"（或"子""道""基督"）就绝非上帝的别称。同理可证，圣灵也是与父、子同享真实之爱的独立位格。

三位一体教义的明晰化

因此，我们至少能确认，圣父、圣子与圣灵是真实的位格，因他们自万物开始之"前"就彼此相爱，故在某种意义上有所区分；同时，他们也不是三位上帝，而是同一位上帝，因其本质属性毫无差异。尽管我们无法完全理解这其中的奥秘，但父、子、圣灵三位一体的形象已经渐趋清晰。

到目前为止，我们已探讨了万有的开

始与那创世以前的"时间"里的奥秘——
这两个开始是我们认识上帝、世界与人类
的起点，它们都以三位一体为源头。

而其他开始则关乎父、子、圣灵在人
类历史中的救赎行动。颇具深意的是，下
一个开始竟藏在历史长河的中段，我们要
转向基督的降生了。

思考与讨论

1）严格来说，为何在创世之"前"没
有时间？而"之前"的概念对人类来说又
为何相当重要？

2）简言之，《约翰福音》17章中耶稣
的祷告核心是什么？

3）这段祷告为何会让今天的我们感到
震撼？

4）你现在是否确信"圣灵"与
"道"是真实的位格，而且这三个位格同
属一位上帝？这其中还有什么令你感到困
惑的地方？

第四章

福音的开始

"听说阿斯兰开始行动了——说不定已经登陆了。"

——海狸先生,摘自《狮子、女巫和魔衣橱》①

当佩文西家的孩子们踏入C. S. 路易斯笔下的纳尼亚时,那里的境况可谓再糟糕不过了。永远冰天雪地（却从没有圣诞节!）,整个冰封世界都在白女巫的残酷统治之下。这个奇幻世界恰似基督降临

---

① C. S. Lewis, *The Lion, the Witch, and the Wardrobe: A Story for Children* (New York: Collier Books, 1970), 64.

前的现实世界。我们——人类——离弃上帝，与造物主疏离，因而被罪恶、死亡与魔鬼的权势所辖制。但正如阿斯兰在纳尼亚开始行动，真正的上帝也在真实的世界里做工，预备自己的百姓犹太人以及周围的列邦，为伟大的救赎预备道路，使世人归于他的名下。

这一切的核心

这伟大的事件包含两次重大的"差遣"——上帝以独特的方式差他的圣子与圣灵先后降临世间（这与他们过往与世界互动的方式不同），为要成就我们基督徒所说的"救恩"。使徒保罗在一段令人难忘的经文中如此描述这两次差遣：

及至时候满足，上帝就差遣他的儿子，为女子所生，且生在律法以下，要把律法以下的人赎出来，叫我们得着儿子的名分。你们既为儿子，上帝就差他儿子的灵进入你们的心，呼叫："阿爸，父！"可见，从此以后，你不是奴仆，乃是儿子了。既是儿子，就靠着上帝为后嗣。（加 4:4-7，强调部分由本书作者所加）

　　由此我们看见：在旧约时代圣子只是偶尔向人显现，但在这里所说的"差遣"中，他竟真实地道成肉身，降世为人。他如世人那样由女子所生，又如公元一世纪的犹太人那样甘愿生在律法以下。同样，在旧约中圣灵仅从外部感动人，而在这里的"差遣"中他却进入我们心里。天父正是借着差遣圣子与圣灵，终将使人归向自己，成就了这奇妙的救恩。

　　这段经文与前一章的内容形成了惊

人的呼应。先前我们讨论耶稣的大祭司祷告时，已看见在宇宙尚未被造以"前"，天父就与他永恒的圣子（想必也与永恒的圣灵）相爱。而此处保罗揭示说，上帝差遣圣子与圣灵的作为使每位信徒都成了上帝的儿女。当然，与耶稣不同，他是上帝真实永恒的独生爱子，是首生的，而我们却是借着被收纳成为上帝的后嗣。耶稣从来就是天父的儿子，在他为童女所生之前便是如此；而我们却是后来才成为上帝的儿女，从外面被接入上帝的家，蒙上帝收纳。但我们得儿子名分正是上帝差遣圣子降临的直接结果。从某种意义上说，上帝那位真正的儿子降世为人成为我们的兄长，好叫我们这些外邦人竟能蒙恩成为上帝所收养的儿女。

此外，这恩典临到我们信靠基督的人，是因为圣灵进入我们心里，使我们能呼唤上帝为"父"。这个过程绝非自动完成的。单单差遣圣子并不足以使我们成为上帝的儿女，我们还必须信靠圣子。而这信靠的能力正是源自另一次差遣，上帝差遣圣灵进入我们的心，使我们每个人在实质上（而非仅理论上）成为上帝所收养的儿女。唯有如此，我们才得以享有那无可比拟的特权，可以称创造宇宙的上帝为"我们的父"。

由此我们看见，三位一体正是这一切的核心。三位一体不仅在创世以"前"就已存在，三位一体的上帝更在他所创造的时空中亲自运行，为要引领我们这些迷失的人归于上帝的名下。"福音"原意为"好消息"，而基督教的福音或曰耶稣基督的好消息包含多个方面——例如，保罗这段经文不仅论及收养之恩，更提及我们这些律法之下的人得蒙救赎。但这一切的核心始终是三位一体的上帝。这福音源于三位一体，也以三位一体为中心——围绕着圣父与圣子之间那永恒的爱，当上帝差遣圣子降世，又差遣圣灵进入我们的心时，也将这爱丰丰富富地赐给了我们。

探索"如何"的奥秘

此刻，想必你心中正不断涌现着各种疑问，就像我的学生们常有的那样，其中多半都是关于"如何"的追问。我们已探讨了"谁"（差遣圣子与圣灵的是上帝）以及"什么"（我们得着上帝儿女的名分），却尚未论及这一切是"如何"实现的。上帝永恒的儿子究竟是如何道成肉身由女子所生？他成为人子后是如何救赎我们这些律法以下之人的？圣灵又是如何进入我们心里的？

这些关于"如何"的问题至关重要，让我们试着探寻其中的真义。本章后续将探讨上帝是如何差遣圣子的，而上帝"如何"差圣灵的问题则留待下章分解。

让我们首先来看看第一个对上帝"如何"差遣圣子产生疑问的人，她确实有足够的理由发问！当天使加百列向一位名叫马利亚的未婚少女（可能年仅十二三岁）显现，告诉她将怀孕生子，要给孩子起名耶稣，并称他为"至高者的儿子"时（路1:31–32），马利亚自然提出疑问："我没有出嫁，怎么有这事呢？"（34节）加百列的回答令人印象深刻：

> 圣灵要临到你身上，至高者的能力要荫庇你，因此所要生的圣者，必称为上帝的儿子。（35节）

从这里我们看到，圣灵直接参与了耶稣道成肉身、降世为人的过程。至此你应当明白，上帝一切伟大的作为都有圣父、圣子、圣灵三个位格的共同参与，这件事也不例外。圣父差遣圣子降世；圣子受差遣，甘愿成为人的样式；而圣灵则成就了这无需人类父亲参与的受孕过程。由此可见，在福音的开始，三位一体的上帝就已经在工作。

关于上帝之子道成肉身的确切含义，保罗在另一段发人深省的经文中为我们提供了重要的阐释：

> 他本有上帝的形像，不以自己与上帝同等为强夺的，反倒虚己，取了奴仆的形像，成为人的样式。（腓 2:6–7）

在这段经文中，保罗将"上帝的形像"（即上帝独有的属性与权能）与"奴仆的形像"（即人类的身体、心智与意志）放在一起进行对比。借着圣灵感孕的过程，圣子取了完全的人性特征，却从未放弃神性特征，他始终是真上帝。

由此可知，圣子能够同时以神人二性共存，这在他道成肉身前是未曾有的。在降世为人之前，圣子仅有神性，行一切属上帝之事——爱圣父与圣灵、创造并维系宇宙等。而在降世为人之后，他依然具有神性，继续做上帝一直在做的事，同时也具有完全的人性，以人的样式成就我们的救恩——例如借着祷告倚靠天父、遵行律法、活出人与上帝关系的完美典范，并且借着他的受死与复活成就了我们的救恩。正是透过"取了奴仆的形像"和"成为人的样式"，圣子既有神性的本质，同时又具有人性特征。我们将会看到，这位永恒的圣子不仅兼具神人二性，更在于他能够同时以神性和人性的方式存在——这正是救恩奥秘的核心所在。

追问 "为何" 的奥秘

上述关于 "如何" 的重要问题自然引出了更为深刻的 "为何" 的问题：为何圣子必须经历一切苦难成为人？他既是上帝，为何不挥动魔杖立即解决我们的问题，让一切都好起来呢？毕竟，他是上帝，对吧？

两千年来，历代基督徒都在以不同方式追问这个至为紧要的问题。如今当我们循着圣徒的足迹寻求答案时，仍需回到先前探讨的经文。在《腓立比书》2章中，保罗阐明基督 "取了奴仆的形像" 后，接着说道：

> 既有人的样子，就自己卑微，存心顺服，以至于死，且死在十字架上。所以上帝将他升为至高，又赐给他那超乎万名之上的名，叫一切在天上的、地上的和地底

下的，因耶稣的名无不屈膝，无
不口称耶稣基督为主，使荣耀归
与父上帝。（8–11 节）

这段经文揭示了上帝儿子的降卑与高
升：他本与上帝同等，具有上帝的形像，
与圣父、圣灵同样是完全的上帝。然而他
不仅降卑为人，更是存心顺服，以至于
死——且是以古罗马最羞辱的方式死在十
字架上。这降卑的历程之后是戏剧性的升
高：上帝将圣子升为至高，又赐给他那超
乎万名之上的名，叫万民都称他为主。

但关键在于：耶稣本就是上帝之子，
本与上帝同等，本已拥有那超乎万名的尊
荣。既然如此，他为何还需要被升为至
高？这升高又成就了什么？

我们必须谨记：耶稣始终同时具有
神人二性。若论其神性，他始终持守着太
初之前与圣父同享的荣耀，这荣耀从未失

落；但若论其人性，他甘愿虚己，舍弃荣耀，以人的样式生活受死，而后又恢复尊荣。

诚然，我们很难想象一个位格如何能同时具有神人二性。事实上，可以肯定的是，对**纯粹**的受造之人来说，这绝无可能；但对那位透过圣灵感孕成为完全的人的永恒圣子来说，这并非不能成就，尽管我们无法理解。

那么圣子为何要如此行？这又成就了什么？他降卑至我们的样子——受限制、无能无力、与我们所弃绝的上帝隔绝。（再次强调，他是以人性而非神性的荣耀达成的。）他亲自承担了我们因弃绝上帝本应承受的忿怒，而后被父上帝重新接纳——使他从死里复活、升为至高（仍是以人性），并赐给他超乎万名的尊荣。圣子先降卑至我们堕落、隔绝、失丧的境地，继而升高回到上帝那里。这降卑使他

与我们在与父隔绝的境况中联合；这升高
则为我们在基督里与圣父重新建立亲密的
关系开辟道路。

我们需要将《腓立比书》这段经文与
另一段类似的经文放在一起思考，后者可
能并非保罗亲笔，而是出自其门徒之手。
《希伯来书》开篇便如此宣告：

> 上帝既在古时藉着众先知多
> 次多方地晓谕列祖，就在这末世
> 藉着他儿子晓谕我们，又早已立
> 他为承受万有的；也曾藉着他创
> 造诸世界。他是上帝荣耀所发的
> 光辉，是上帝本体的真像，常用
> 他权能的命令托住万有。他洗净
> 了人的罪，就坐在高天至大者的
> 右边。（来 1:1-3）

请注意，这里显明上帝是藉着圣子

创造并托住万有。圣子绝非一位普通的先知（先知不过是按上帝形像所造的人，如其他人一样），而是上帝本体的真像，他那非受造、完全的形像全然彰显上帝的本性。圣子洗净了我们的罪（呼应保罗在《腓立比书》2章所描述的十字架受死），而后"坐在高天至大者的右边"。这最后一句道出了子与父几乎难以想象的亲密关系：他竟与威严伟大的主比肩同坐。这位按人性而论因与我们联合而暂时与上帝隔绝的圣子，如今又回到天父右边，重新享有那创世以"前"就有的荣耀、相交、合一与爱。既然上帝能够且愿意重新接纳圣子，那么只要我们在基督里，上帝也必能同样接纳我们。

　　这福音从许多方面而言都是好消息。它如同一颗璀璨多面的钻石，随着角度的变换折射出不同的光彩。在基要真理系列丛书（包括本书）中，我们已经探讨了福音的诸多维度。但福音的开始及其核心是一个简单的事实：上帝差遣他的独生爱子，使他不仅具有我们的人性，更背负了我们的破碎、隔绝与迷失。在十字架上，他替我们尝了死味。而上帝却使他从死里复活，让他重新与自己相交——好叫我们这些因不信而与上帝隔绝的人也能在基督里重新蒙接纳。上帝的独生子成为我们的兄长，使我们得以被天父收养成为他的儿女。这福音始于圣父与圣子之间那永恒的关系。

但"在他里面"究竟意味着什么？或者换一种问法，这种关系是如何临到我们的？

这个问题将我们引向另一个开始。此刻，圣灵以其独特的光辉闪耀登场。

思考与讨论

1）两次重要的"差遣"分别指什么？这与旧约中圣子和圣灵的作为有何不同？

2）在耶稣降生的过程中，三位一体的其他两个位格是如何参与其中的？

3）知道耶稣成为"完全的人"，并且当他走向十字架时谦卑至死，这是否会让你心生感恩？

4）圣子本就与上帝同等，为何还需要被"升为至高"？

5）"倘若上帝能够且愿意接纳他的儿子，那么只要我们在基督里，他也必能且定会接纳我们。"这一真理如何能给当下你认识的人带来安慰？

第五章

生命的开始

就在我撰写本书前的几年里，世界经历了一场全球性疫情。各国政府领导人相继出台严格措施，限制人们之间的日常接触。人们被要求在公共场所佩戴口罩，并保持至少两米的社交距离。为什么？为了避免将病毒通过呼吸传染给他人。COVID-19与大多数病毒一样，主要通过（包括但不限于）呼吸在人与人之间传播。因此，向他人呼气可能会致人生病，甚至有致死的风险。突然间，我们开始将他人视为威胁，唯恐避之不及，而非应当拥抱的同胞。

对我们这些经历过疫情的人而言，

尤其是那些因疫情失去至亲或者仍然饱受长期健康问题困扰的人，"气息"和"呼吸"这些词可能带有死亡的意味。因此，我们很难从积极的角度来看待"气息"。但要理解圣经，就必须这样做。在圣经中，气息和呼吸与生命息息相关，尤其是圣灵所赐的生命。

气息、风与火

回溯万物的起源，上帝创造天地和居住其间的陆地生物和海洋生物后，又创造了人类。他先用尘土造了亚当，然后"将生气吹在他鼻孔里，他就成了有灵的活人"（创2:7）。正是因为上帝向人吹气，这土制的人像才能变成活生生的人。在旧约的希伯来语和新约的希腊语中，"灵"这个词的字面意思就是"气息"或"风"。从某种意义上来说，圣灵就是上帝的气息，于是有些基督徒认为，《创世记》2章7节实际意味着上帝将圣灵吹入亚当体内，使他成为活人。因此，毫不奇怪，气息的比喻也被用来描述上帝透过基督的道成肉身和工作所赐的新生命。耶稣从死里复活后，曾多次向门徒显现。有一次，他"向他们吹一口气，说：'你们受圣灵'"（约20:22）。这里再次表明，气息与生命息息相关，而且经文明确说到圣灵是被吹入门徒里面的那一位。

约六周后，门徒在耶路撒冷守犹太人的五旬节，圣灵降临在他们身上。撰写《使徒行传》的路加如此描述说：

> 忽然，从天上有响声下来，好像一阵大风吹过，充满了他们所坐的屋子；又有舌头如火焰显现出来，分开落在他们各人头上。

他们就都被圣灵充满，按着圣灵
所赐的口才说起别国的话来。（徒
2:2-4）

在这段经文中，圣灵的同在好像一阵
大风吹过，又有舌头如火焰显现出来。当
门徒开始说话——不是用自己的语言，而
是用周围众人的各种乡谈——众人就确信
上帝的灵与他们同在，并以相信基督来回
应彼得的讲道。这一天标志着基督教会的
开始。圣灵的外在表现是气息、风与火，
但其主要是在人心里工作。他一方面在
每个人里面工作，引领人信靠基督，一方
面也在群体中工作，建立基督的身体（教
会）。

让我们先来看看他在信徒个人身上的
工作，再来看他在整个教会中的工作。

从上头来的重生

圣经关于圣灵的记述不多，这是应该的。圣灵默示人类（历时约一千五百年，涉及四十余人）撰写圣经的每一卷书，因此从某种意义上来说，他是圣经的终极作者。作为作者，他并非寻求高举自己，乃是为父与子做见证。圣经中关于上帝和他儿子的内容远比关于圣灵的内容多得多。但值得注意的是，谈论圣灵最多的是基督，即圣子自己，因为他不仅寻求荣耀天父，还要荣耀圣灵。因此，描述圣灵工作最重要的经文正是在福音书作者记录的耶稣亲口所说的话中。让我们来看其中几段经文。

在耶稣早期的事工中，一位名叫尼哥底母的法利赛人暗中前来请他解惑。但他还没问几句，耶稣那令人震惊的宣告就让他无所适从："我实实在在地告诉你：人若不重生，就不能见上帝的国。"

（约3:3）这里的"重"一词既可指"再一次"，也可指"从上头来"的。此处耶稣可能两者的意思都有——我们所有人不仅要经历正常的肉身出生，更要以新的方式经历第二次出生，即从上头来的、从上帝而来的重生。

尼哥底母没听明白，就结结巴巴地问道，一个成年人怎能再进母腹生出来呢？耶稣纠正他说：

> 我实实在在地告诉你：人若不是从水和圣灵生的，就不能进上帝的国。从肉身生的，就是肉身；从灵生的，就是灵。我说，"你们必须重生"，你不要以为希奇。风随着意思吹，你听见风的响声，却不晓得从哪里来，往哪里去；凡从圣灵生的，也是如此。（5-8节）

　　这里我们再次看到，经文将圣灵比作风（请记住，希腊文的"灵"和"风"是同一个词）。耶稣所说的从上头来的重生，不是像我们每个人最初经历的那种肉身的出生，而是属灵的出生，因为这出生是圣灵成就的。重生赐给人新的属灵生命。这生命基于基督所成就的一切（正如前一章所述），并由圣灵带来。

　　后来在耶稣服侍期间，在一次犹太节期中，人们将水浇在圣殿前的地上，祈求天降雨水使庄稼生长。耶稣站起来，呼吁口渴的人来他那里喝，并应许说从他们腹中能流出活水的江河来（约7:38）。福音书作者约翰又补充解释说："耶稣这话是指着信他之人要受圣灵说的，那时还没有赐下圣灵来，因为耶稣尚未得着荣耀。"（39节）耶稣得着荣耀是指他在十字架上受难、死亡、复活后蒙上帝接纳；而将圣灵赐给信耶稣的人必须在基督得荣耀之后才能实现。这同在就是"活水"，即赐给我们的属灵生命。

有了耶稣这些关于圣灵的描述，我们现在就可以将前一章的内容和当前所讨论的联系起来了。圣子耶稣成为人，是为了背负我们的重担——迷失、与上帝隔绝——并代替我们受苦、受死。但上帝使他从死里复活，重新接纳他与自己相交，好让我们这些"在他里面"的人得蒙赦免，叫我们与自己曾经疏离的上帝和好，并享有圣子与天父的相交。但我们如何才能"在他里面"呢？在耶稣降卑自己在十字架受死，又升到上帝的右边之后，圣灵就奉差遣来住在信耶稣的人里面。圣灵在我们里面，我们就可以在基督里；而我们在基督里，就能在他与天父的关系上有份。这位真实的圣子使我们得着儿子的名分，而他与我们之间的纽带就是内住在我们里面的圣灵。

这就是生命——新的生命、属灵的生命、从上头来的生命。这生命始于圣灵的工作——使我们与基督联合，从而与天父上帝联合。新生命始于三位一体。

同活

这从上头来的新生命不仅是给信徒个人的。事实上，它**不可能**只关乎个人，因为它源于一种关系——圣父与圣子之间永恒的相交，而圣灵正是带我们进入这相交的那一位。保罗书信的一段经典经文是在《以弗所书》2章中，在这段经文中他解释了我们人类"死在过犯罪恶之中"，但上帝"却叫我们与基督一同活过来"，因为我们得救是本乎恩（5节）。请注意这里的"一同"这个词。基督（作为人）已经死里复活，并得着新生命，叫我们这些死在罪中的人也能与他一同活过来得着新生命。因此，正如我们所看到的，我们的生命就是与基督、他的父和他的灵一同活着的生命。

这生命也是借着上帝、他的儿子和圣灵彼此联结的生命。保罗接着强调说，犹太人和外邦人同属上帝的新子民。在希伯来人的观念中，"犹太人与外邦人"意味着"我们与他们"。这个词组将人群划分为不同的阵营：好人与坏人。但保罗坚持认为，上帝已从这些彼此敌对的阵营中创造出了一个统一的族群。他写道：

> 因为我们两下藉着他被一个圣灵所感，得以进到父面前。这样，你们不再作外人和客旅，是与圣徒同国，是上帝家里的人了。并且被建造在使徒和先知的根基上，有基督耶稣自己为房角石，各房靠他联络得合式，渐渐成为主的

圣殿。你们也靠他同被建造，成
为上帝藉着圣灵居住的所在。（弗
2:19-22）

　　此处我们需要特别注意"两下"这
个词——无论是犹太人还是外邦人（推而
广之，包括所有曾经彼此为敌的阵营），
如今都藉着基督被一个圣灵所感得以进到
天父面前。我们**所有人**，无论来自哪个族
群、何种文化、说什么语言，带着怎样的
成见与隔阂，都已成为上帝国的子民，同
属上帝的家。更重要的是，我们这些原本
分裂的群体（请再次注意这个关键概念）
如今被连为一体，成为上帝自己居住的圣
殿。在旧约时代，上帝的临在只与一个
民族（犹太人）和一座建筑（会幕及后来
的圣殿）有关。但如今，随着基督和圣灵
的降临，上帝的临在显现在这群新子民中
间，包括犹太信徒与外邦信徒，他们共同

组成了教会，这教会就是上帝在地上居住的圣所。

新约中包含着许多关于信徒当如何共同生活的教导。这些具体的诫命和劝勉，归根结底都源于一个伟大的真理——这个真理透过两个相辅相成的意象表达出来：我们基督徒同为上帝收养的儿女，是他家中的成员，因此我们的生活方式应当彰显我们所加入的这个新家庭中固有的爱：圣父与圣子之间的爱。不仅如此，我们众信徒又同为上帝居住的殿，因此应当活出与至高者居所相称的生命，成为他合宜的居所。

新生命是从上头来的——无论是信徒个人与基督联合的生命，还是所有信徒作为教会共同拥有的生命——都是三位一体的工作。

世界的故事中还有一个开始，我们接下来就要看看这个开始。

思考与讨论

1）在圣经中，"气息"和"呼吸"与什么有关？

2）在《约翰福音》3章记载的耶稣与尼哥底母的对话中，尼哥底母未能理解的基本真理是什么？

3）"新生命、属灵的生命、从上头来的生命"是如何开始的？

4）"所有信徒作为教会共同拥有的生命"是如何开始的？

第六章

末期的开始

因为任务已经完成，一切都结束了。此刻有你陪伴，我心甚慰。在这万物终结之时。

——佛罗多·巴金斯（Frodo Baggins）对山姆·甘姆齐（Sam Gamgee）说，出自《王者归来》（*The Return of the King*）①

在托尔金笔下的中土世界中，与佛罗多的预想相反，"万物终结之时"并非真

---

① J. R. R. Tolkien, *The Lord of the Rings* (New York: Houghton-Mifflin, 1994), 926. （中译本参考：J. R. R. 托尔金著，《魔戒》，邓嘉宛等译，上海人民出版社，2013 年。）

正的终结。当邪恶最终溃败时，迎来的将
是一个崭新的开始——精灵称之为"人类
纪元"的和平年代。现实世界亦是如此。
万物的终结将带来一个新的开始。

本书开篇便追溯了上帝创造万有的起
源，进而回顾了万有以"前"圣父、圣子
与圣灵之间那永恒的爱。我们探讨了福音
的开始：圣子奉差遣道成肉身来到世间，
死里复活；我们看到了从上头来的新生命
的开始——这生命既临到信靠耶稣的人，
也临到新生的教会——因圣灵已降临，内
住在每个基督徒里面，也住在信徒群体中
间。此刻，我们将从这诸多开始转向万物
的终局以及随之而来的崭新开始。而这开
始同样源于三位一体。让我们一同来探寻
这末期的开始。

一切都指向降临

在前两章中我们已经知道，为了拯救世人，上帝差遣圣子来到世间，又差遣圣灵进入信徒的心里。救恩的成就并非透过人类朝上帝上升的举动，而是上帝向下俯就我们的行动。然而，两千年前圣子圣灵的降临并非上帝唯一的降临行动。待万物结束、新纪元开启之时，还会有两次神圣的降临：其一我们称为"基督再临"——若从天父的视角来看，也可称作基督"第二次受差遣"。基督在荣耀中再临，其实是新约中最坚不可摧的真理之一、二十七卷书卷中有二十三卷明确预言了这一点。而基督再临之时更伴随着另一次伟大的降临——圣父亲自降临世间，永远住在他的子民中间。

因此，三位一体上帝作为的宏大叙事可归结为四次伟大的降临：差遣圣子降临、差遣圣灵降临、圣子再临（或称二次差遣），最后是圣父亲临人间。一切神圣作为的轨迹无不指向降临之路。这最后两次降临在圣经的最后一卷书《启示录》中有详细的描述。这卷书详细记录了主赐给约翰的一系列异象，既繁多又复杂，充满象征意义。现在我将聚焦其中三段经文：《启示录》4至5章、19章及21章的异象。

第一个异象发生在天上，约翰被圣灵感动，见有一个宝座在那里，"又有一位坐在宝座上"（启4:2）。在圣经中，"天"（或称"诸天"）乃是上帝的居所，这天上的宝座昭示那坐于其上的必是父上帝。约翰又看见四个活物与二十四位长老——象征着全体信徒——围绕在宝座旁敬拜上帝。接着又出现一个书卷，代表人类的命运，却无人配展开它（启5:1-4）。约翰不禁大哭，但接着他又宣告说：

> 我又看见……有羔羊站立，
> 像是被杀过的，有七角七眼，就
> 是上帝的七灵，奉差遣往普天下
> 去的。（6节）

这羔羊自然是耶稣，为救赎世人而
被杀的圣子，唯有他配展开书卷，揭晓其
中的奥秘。但"上帝的七灵"是指什么？
在古时，"七"是完全数，因此羔羊身上
的"七灵"代表上帝完全的灵，即差遣到
世间来、内住信徒心中与教会的圣灵。如
此，在这天上的异象中，约翰有幸以象
征的形式看到：圣父（坐宝座者）、圣
子（羔羊）与完全的圣灵（"上帝的七
灵"），而全体信徒都在敬拜这三位一体
的上帝。这异象让我们窥见将来上帝的子
民所组成的教会。然而，万物的终局尚未
到来。

在《启示录》6至18章中，约翰的

异象转回地上，他看到了善恶终极之战中种种可怖的悲惨景象。而后，在一个关键的转折时刻，他听见有群众大声欢呼："哈利路亚！救恩、荣耀、权能都属乎我们的上帝。"（启19:1）接着又传来羔羊婚宴的宣告（6-9节），在这婚宴中，羔羊耶稣基督从某种意义上来说将要迎娶他的新妇教会。随即，约翰望见一匹白马，骑在马上的"穿着溅了血的衣服，他的名称为上帝之道"（13节）。这正是那羔羊，圣子基督耶稣，如今再次被称为"道"，如同他在太初之时的称呼一样。他将重返世间，击败一切敌对的权势，迎娶他的新妇，接受子民的敬拜。然而，基督第二次降临虽然意义重大，却依然不是万物的终局。

在《启示录》21章，约翰看见了一个新天新地，又见圣城新耶路撒冷从天而降。须知，"天"本是上帝的居所，如今这作为上帝居所的新耶路撒冷降临世上，实则意味着天正随着圣父的降临而显于世间。约翰听见有一个声音传来——这次不是敬拜者的颂赞，而是直接从宝座发出的声音，是上帝自己的声音：

> 看哪，上帝的帐幕在人间。他要与人同住，他们要作他的子民，上帝要亲自与他们同在，作他们的上帝。上帝要擦去他们一切的眼泪，不再有死亡，也不再有悲哀、哭号、疼痛，因为以前的事都过去了。（启 21:3-4）

上帝，真正的上帝，并非坐在天上静等着世人寻找。不，他亲自降世来找我们。他差遣自己的独生爱子道成肉身，又赐下圣灵，还要再差爱子二次降临。直到万物终结之时，至高者将亲自降临、永远

住在这片他起初为人类所造的地上，与他
的子民同住。神圣的轨迹始终向下——三
位一体的位格相继降临，过去、现在、未
来，他们不断屈尊俯就，只为完成这终极
的救赎：引领迷失的罪人归向上帝。

末期的开始

接下来在约翰所见的异象中，那位坐
宝座的父上帝宣告：

> 都成了！我是阿拉法，我是
> 俄梅戛；我是初，我是终。我要
> 将生命泉的水白白赐给那口渴的
> 人。得胜的，必承受这些为业。
> 我要作他的上帝，他要作我的儿
> 子。（启 21:6-7）

"阿拉法"与"俄梅戛"是希腊字

母表的首末两个字母，恰如万有的开始与终局。但这开始和终局并非仅指时间，更非事件。上帝自己就是初与终。万有本于他，也终将归于他。而在万有终局之时，上帝必将生命的活水白白地赐给他的子民，并称他们为儿女。

至此，基督教的故事、人类的故事乃至万物的故事都将结束。历史——那些时空中的各种事件——终将让位于我们所称的"永恒"。借着圣子与圣灵，上帝终将完成他的工作，使凡信靠他的人都成为他收纳的儿女。在圣灵的引领下，我们将永世敬拜那位坐宝座者和羔羊，直到永永远远。

万物的终局将会是一个全新的开始，而在这永恒开始的核心处正是……

三位一体。

思考与讨论

1）"末期的开始"的概念若初次接触，或许令人感到有些奇怪。你对"万物的终局将成为全新的开始"这一观点有何感悟？

2）你是否曾思考过三位一体（圣父、圣子、圣灵）的"相继降临"这一神圣轨迹？

3）在永恒开始的核心处究竟是谁？

4）本书最后一章所启示的真理该如何安慰现实中失去盼望的人？

经文索引

启示录

Union

我们在教会和信徒的生命中
推动改变

联合出版（Union Publishing）致力于用神学装备下一代的属灵领袖，激发他们更深渴慕上帝。我们提供包括书籍到免费在线资源在内的优质内容，旨在助力信徒生命更新，帮助教会健康成长。

我们盼望世界各地的人都能认识上帝、爱慕上帝并且以他为乐，从而荣耀他。为此，我们在免费平台上收集了数百篇文章、播客、书摘和视频内容。我们还持续创作了全新的文字、音频和视频资源，以帮助你在耶稣基督的真善美中活出更丰盛的生命。

若你希望获得更多改革宗资源，帮助

你更深地爱上帝并在基督里成长，欢迎访问我们的网站：unionpublishing.org。